DISCOURS PRONONCÉS

SUR LA TOMBE

DE

M. MARY

INSPECTEUR GÉNÉRAL DES PONTS ET CHAUSSÉES,

EN RETRAITE,

MEMBRE DU CONSEIL GÉNÉRAL DE LA SOMME,

ANCIEN PROFESSEUR A L'ÉCOLE IMPÉRIALE DES PONTS ET CHAUSSÉES

ET A L'ÉCOLE IMPÉRIALE CENTRALE DES ARTS

ET MANUFACTURES.

———

12 JANVIER 1870

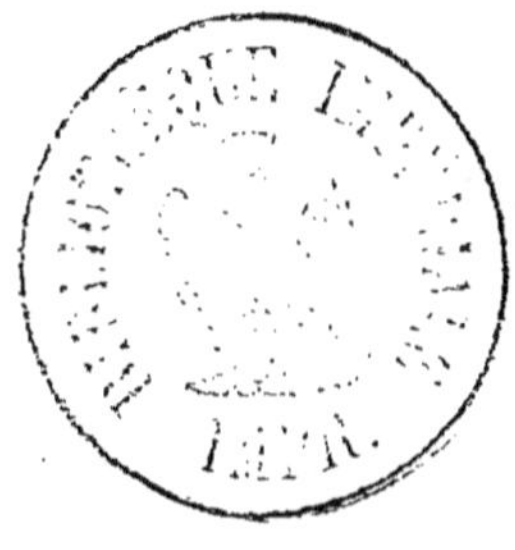

PARIS

DUNOD, ÉDITEUR,

SUCCESSEUR DE V^{or} DALMONT,

Précédemment Carilian-Gœury et Victor Dalmont,

LIBRAIRE DES CORPS IMPÉRIAUX DES PONTS ET CHAUSSÉES ET DES MINES,

Quai des Augustins, n° **49**.

———

1870

Paris. — Imprimerie Cusset et Cᵉ, 26, rue Racine.

DISCOURS

DE M. GAYANT

INSPECTEUR GÉNÉRAL,

VICE-PRÉSIDENT DU CONSEIL GÉNÉRAL DES PONTS ET CHAUSSÉES,

AU NOM DU CONSEIL.

Messieurs,

Avant que cette tombe se ferme, permettez-moi de vous rappeler les services de l'ingénieur distingué que la mort vient d'enlever si inopinément à sa famille et à ses amis.

Mary, né à Metz, le 11 janvier 1791, appartenait par sa mère à la famille Lebrun, dont deux frères se succédèrent comme inspecteurs de l'École polytechnique; ils dirigèrent ses études vers cette école; il y entra en 1808 et fut admis à l'École des ponts et chaussées en 1810: son aptitude au travail, la maturité de son esprit et la facilité de conception dont il était doué l'y firent distinguer et, après trois missions, il fut, en 1814, étant encore élève, attaché au service du département de Saône-et-Loire. Il ne resta que quelques mois dans ce département et fut envoyé au canal de Saint-Quentin avec le grade d'aspirant. C'est alors que je vis M. Mary pour la première fois ; il était placé sous les ordres de mon père, et je me souviens de l'avoir entendu citer comme un modèle pour les soins qu'il apportait à toutes les parties du service.

A la reprise des travaux du canal de la Somme, en 1817, il fut chargé de préparer les projets de ce canal, et nommé ingénieur ordinaire ; on lui confia successivement les arrondissements de Péronne et de Saint-Valery-sur-Somme. C'est à cette époque de sa carrière que M. Mary exécuta sur la haute et la basse Somme de nombreuses écluses, et notamment le barrage supérieur de Saint-Valery. Il fit preuve d'une grande sagacité dans l'exécution de ces travaux, où il apporta une économie remarquable qui n'excluait pas, cependant, la solidité.

Distingué par la compagnie qui fournissait à l'État les fonds nécessaires à l'exécution du canal, elle le demanda à l'administration pour lui servir de conseil ; en 1826, il quitta, par suite, le service actif du canal de la Somme, et ne conserva qu'une haute surveillance sur ces travaux, dans l'intérêt de la compagnie.

A l'achèvement du canal, en 1832, M. Mary fut placé au service municipal de la ville de Paris.

Nommé ingénieur en chef en 1835, il prit la direction de ce grand service en 1839, lorsque M. Emmery le quitta.

C'est dans ce poste important que M. Mary imprima une nouvelle activité aux travaux de Paris : l'assainissement de la ville fut entrepris sur une large échelle, et de nouveaux égouts la sillonnèrent de toutes parts : le dépotoir de la Villette porta au loin, dans la forêt de Bondy, un foyer d'infection si préjudiciable à la santé publique. De nombreux projets de distribution d'eau furent préparés, et l'on vit s'élever de vastes réservoirs; enfin M. Mary, par ses conseils, contribua à mener à bonne fin les travaux du puits artésien de Grenelle.

L'expérience que M. Mary avait acquise de ces sortes d'ouvrages avait fait de lui un ingénieur spécial pour les distributions d'eau, en sorte qu'il était consulté non-seulement par toutes les villes de France qui voulaient entreprendre des distributions, mais aussi par des villes de l'étranger.

Les fonctions qu'il remplissait étaient pour lui du plus haut intérêt : il s'y adonnait tout entier, et, pour les conserver, il refusa même l'avancement qui lui était offert : par suite, ce ne fut qu'en 1848 qu'il fut nommé inspecteur divisionnaire.

Chargé successivement des seizième, cinquième, troisième et quatrième divisions, il fut nommé inspecteur général de première classe en 1855. C'est dans ce dernier grade qu'il eut à présenter les études des travaux qui doivent mettre la vallée de la Seine à l'abri des inondations.

Ce n'est pas seulement dans les services actifs que nous venons de rappeler, que M. Mary s'était fait remarquer; il se consacrait en même temps à l'instruction des jeunes ingénieurs, et, dès 1836, il fit à l'École des ponts et chaussées le cours de routes et ponts.

Il professa pendant de longues années le cours de constructions à l'École centrale et, en 1842, il fut chargé, à l'École des ponts et chaussées, du cours de navigation intérieure; ce n'est que l'année dernière qu'il a abandonné l'École où il avait donné aux élèves de si bons principes :

son cours fait autorité, tous les ingénieurs le connaissent et le consultent souvent.

En 1832, M. Mary avait été nommé secrétaire adjoint de la commission des *Annales*; devenu titulaire lorsque M. Emmery quitta cette fonction, il a puissamment contribué au succès de cette publication si intéressante et si utile aux ingénieurs.

Enfin M. Mary avait été appelé à faire partie du Comité supérieur des chemins de fer; aussi, heureuse de le conserver dans ces fonctions importantes, l'Administration les lui avait maintenues jusqu'à présent.

M. Mary se faisait remarquer par ses manières simples, par son activité et par la bonté avec laquelle il accueillait les jeunes gens auxquels il se faisait un vrai plaisir de donner des conseils toujours excellents. Il avait conservé dans sa vieillesse la même activité d'esprit et de corps, et ses idées étaient restées aussi nettes, aussi présentes qu'au temps de sa jeunesse. Les membres du Conseil des ponts et chaussées se rappellent tous l'avoir vu, il y a quelques mois, nous donner des renseignements sur le port de Saint-Valery et présenter un projet pour l'amélioration de ce port.

Les services de M. Mary lui avaient valu, dès 1833, la croix de la Légion d'honneur; en 1846, il fut nommé officier et, en 1861, à l'époque où, frappé par la limite d'âge, il fut mis à la retraite, il reçut le cordon de commandeur.

Ce n'est pas l'administration seule qui tint compte à M. Mary de ses travaux : ses concitoyens l'appelèrent, dès 1832, à représenter le canton de Saint-Valery au conseil général du département de la Somme; il y a rendu bien des services et il y laisse un vide difficile à remplir.

M. Mary s'était marié de bonne heure à Saint-Valery :

cette union lui assurait toutes les conditions du bonheur, et il trouvait dans son intérieur, qu'il aimait, une distraction à ses travaux incessants. Il éprouva cependant des pertes bien cruelles, qu'il supporta avec une grande force d'âme; elles lui avaient pour ainsi dire fait reverser toute son affection sur les membres de sa famille qui lui restaient, et c'est en accompagnant à Cannes son petit-fils, auquel on avait conseillé, cet hiver, l'air doux du midi de la France, qu'il vient de nous être enlevé.

Quelle douleur pour sa compagne chérie, et pour ses enfants, qu'une séparation aussi subite, aussi inattendue!

Une seule pensée peut apporter quelque soulagement à leur peine : c'est que le savant ingénieur que nous perdons, l'excellent chef de famille dont ils sont privés, reçoit la récompense d'une vie de labeur en ce monde, et que la mémoire de celui auquel on venait de toutes parts demander des avis et qui laisse après lui des travaux si importants sera religieusement conservée.

DISCOURS

DE M. L. REYNAUD

DIRECTEUR DE L'ÉCOLE IMPÉRIALE DES PONTS ET CHAUSSÉES,

AU NOM DE L'ÉCOLE.

Messieurs,

L'appréciation des travaux et des longs services de M. l'inspecteur général Mary, qui vient de vous être présentée par la plus grande autorité de notre corps, a été si complète et si juste que je renoncerais à prendre la parole, de peur d'affaiblir vos impressions, si un devoir impérieux ne m'obligeait à vous retenir quelques instants encore. L'École des ponts et chaussées, que j'ai l'honneur de représenter ici, doit, avant que se referme cette tombe, y déposer l'expression de ses regrets et de sa profonde reconnaissance pour l'ingénieur éminent qui lui a consacré une partie de sa vie.

En 1856, M. Mary se chargea de faire le cours de routes et ponts, en remplacement d'un homme des plus distingués, de M. Bernard, et il sut prouver, dès le début, que la perte, si grande qu'elle fût, n'était point irréparable ; mais des travaux qui réclamaient tous ses instants l'obligèrent à renoncer au bout d'un an, à une fonction qu'il n'avait acceptée qu'à titre provisoire, et il ne nous revint qu'en 1842, rappelé par le souvenir du succès de son premier enseignement aussi bien que par sa réputation d'ingénieur. Cette fois, ce fut le cours de navigation intérieure qui lui fut confié.

Il lui donna de nouveaux développements, le compléta par de précieuses leçons sur la distribution des eaux, et le conserva jusqu'en 1868. Alors seulement le besoin du repos se fit sentir à sa verte vieillesse ; le temps n'avait pas eu prise sur son intelligence, mais il avait 77 ans, le déclin menaçait, et il voulut s'assurer un digne successeur, Il demanda et obtint d'être remplacé par un jeune camarade, qui avait été l'un de ses meilleurs élèves et devait maintenir respectueusement ses traditions.

Peu d'ingénieurs ont professé avec autant de dévouement et de fruit, ont été écoutés avec plus de recueillement que M. Mary. Il avait beaucoup exécuté, beaucoup vu, beaucoup étudié ; son jugement était droit, son esprit vif, sa mémoire prodigieuse, son élocution claire et facile ; jamais le mot n'était cherché, et toujours il arrivait ; ses descriptions étaient saisissantes au plus haut degré, et semblaient transporter son auditoire au milieu des chantiers ; rien ne paraissait apprêté dans ses leçons, elles étaient comme des conversations pleines de charme et d'intérêt où lui seul aurait eu la parole ; et jusque dans ses examens, il continuait son cours, ajoutant aux bonnes réponses et rectifiant les erreurs avec la plus grande bienveillance. Il appréciait bien ce qu'il y a d'élevé dans la mission du professeur, et il aimait à la fois son sujet et ses élèves. Les grandes pensées viennent du cœur, a dit un moraliste du siècle dernier ; notre regretté collègue a prouvé que de là aussi viennent les bons enseignements.

Et il survivra par ses leçons, mieux encore que par ses travaux : l'action du professeur l'emportera sur celle de l'ingénieur, qui a pourtant été grande. Au moment même où nous avons la douleur de le perdre, le gouvernement justement préoccupé de l'état de notre navigation intérieure, se montre disposé à accepter tous les sacrifices qu'elle exige, et bientôt les saines doctrines professées par M. Mary seront appliquées par ses élèves sur une grande échelle. Une large part lui reviendra donc dans les nouveaux services que le corps des ponts et chaussées va être appelé à rendre au pays.

Adieu, mon vieil et excellent camarade, adieu. Lorsque, il y a quelques mois à peine, tu venais, plein de santé et avec une effusion que je n'oublierai pas, me féliciter d'une nouvelle position à laquelle tes vœux m'appelaient depuis longtemps, nous étions loin de penser qu'un des premiers devoirs qu'elle m'imposerait, serait de donner sur ta tombe l'assurance que ton souvenir sera pieusement conservé dans l'école qui te fut si chère !

DISCOURS

DE M. LEFORT

INSPECTEUR GÉNÉRAL DES PONTS ET CHAUSSÉES,

AU NOM DES AMIS DE M. MARY.

Messieurs,

En présence de la dépouille mortelle d'un homme, dans
l'intimité duquel on a vécu, que l'on a beaucoup estimé,
beaucoup aimé, l'attitude naturelle est le recueillement. Je
ne prendrais donc pas la parole ici, après que des voix plus
autorisées que la mienne vous ont fait connaître la haute
distinction des services rendus à l'État, à la ville de Paris,
à l'enseignement, pendant la longue carrière de l'éminent
ingénieur que nous venons de perdre, si une longue colla-
boration, continuée par le plus bienveillant patronage, ne
m'imposait le devoir d'ajouter que, dans la pratique jour-
nalière des affaires et de la vie, M. Mary apportait une dou-
ceur, une facilité de caractère, une tolérance pour les

opinions les plus distantes des siennes, qui rendraient la discussion possible, opportune, profitable ; que dans la famille, il avait pour les siens la plus tendre sollicitude ; et que, déjà bien éprouvé, il continuait à remplir, avec la plus complète abnégation, ses devoirs de père, lorsque la mort l'a surpris dans leur accomplissement.

Les amis de M. Mary ont la ferme confiance que les vertus de cet homme de bien trouvent leur récompense dans le sein du Dieu en qui il croyait et espérait.

101. — Paris. — Imprimerie Cusset et Cᵉ, rue Racine, 26.